QUELQUES OBSERVATIONS

SUR LES

MÉMOIRES DU DUC DE RAGUSE.

PARIS

IMPRIMERIE DE L. TINTERLIN ET Ce

rue Neuve-des-Bons-Enfants, 3.

QUELQUES OBSERVATIONS

SUR LES

MÉMOIRES DU DUC DE RAGUSE

PAR

M. LE COMTE NAPOLÉON DE LAURISTON.

Ab uno disce omnes.

PARIS

E. DENTU, LIBRAIRE-ÉDITEUR

13, GALERIE D'ORLÉANS, PALAIS-ROYAL.

—

1857.

QUELQUES OBSERVATIONS

SUR

LES MÉMOIRES DU DUC DE RAGUSE

Nous le demandons à tous, si Saint-Simon, le fameux duc de l'OEil-de-Bœuf, eût été le compagnon d'armes des généraux qu'il attaque dans ses Mémoires, si, au fiel de sa critique, il eût ajouté la rivalité du champ de bataille, ne se serait-on pas méfié du détracteur même de Villars, jusqu'à rejeter presque entièrement les dires acrimonieux de sa vanité jalouse ? Aussi, lorsqu'on voit le maréchal Marmont, dans ses Mémoires, se faire, avec une pose superbe, Saint-Simon militaire pour contredire les gloires que les bulletins du maître suprême de la guerre ont proclamées, que les livres des auteurs militaires ont inscrites, une méfiance irrésistible vous amène-t-elle à lui opposer simplement et ce grand capitaine et ces historiens. Et combien ne doit-on pas suspecter les chagrins de sa plume, lorsque la fatalité ne lui a pas permis, un seul jour, de déployer ce génie exceptionnel dont sa plume, plus forte que sa modestie, laisse transpirer l'aveu !

Certes, nous ne pensons pas qu'il y ait lieu de s'inscrire contre les pages où le duc de Raguse vous porte, en si bons termes, à admirer en lui un administrateur, un organisateur remarquable ; et ce dont l'opinion publique ne doute pas, c'est que Marmont a toujours été un valeureux et brillant soldat, c'est que, dans le généralat, il a compté de beaux jours sinon comme capitaine, du moins comme lieutenant. Mais le regret de n'avoir pu, une seule fois, élever son génie à la hauteur des fonctions les plus éminentes de la guerre, ne devait pas exciter le duc de Raguse à abaisser ses compagnons d'armes. Pourquoi reste-t-il inconsolable, irrité, lorsque si peu de généraux ont su briller, loin de Napoléon, dans le commandement d'une armée? Qu'on le sache vraiment, ce titre de grand capitaine, que l'exagération excusable de l'amitié ou de la reconnaissance accorde souvent à tort et à travers, l'époque impériale ne doit le donner, sans parler de son César, qu'à trois ou quatre noms, seulement peut-être à Masséna, Soult, Davoust, parce que, chefs suprêmes d'une armée ou d'une bataille, ils se sont montrés les grands maîtres de la guerre avec cette armée ou sur le champ de cette bataille.

Pourquoi donc Marmont ne se contente-t-il point du beau rôle qu'il a joué? Pourquoi follement croit-il, en détruisant la renommée de ses rivaux, arriver au rôle exceptionnel que la fortune ne lui a jamais accordé?

Le duc de Raguse l'emporte sur tous les auteurs d'outre-tombe; mieux qu'aucun il sait unir le miracle de la résurrection à l'incomparable recette de l'inviolabilité. Il faut le voir sortir de sa tombe, une main pleine de lauriers pour en ceindre son front, l'autre tenant la trompette avec laquelle il va sonner l'insulte contre la plupart de ses compagnons d'armes qui presque tous sont morts!! Mais que dirait-il, si, à leur tour, ceux-ci, pouvant soulever leur pierre tumulaire, venaient, dans leur ressentiment immense, l'appeler le Tallart des Arapiles? L'accusation serait injuste, sans doute; cependant paraîtrait-elle plus calomnieuse que les siennes? On le sait, l'inhabile

Tallart eut à se reprocher Hochstedtt, comme le jour où, pour la première fois, Louis XIV vit une de ses armées complétement défaite, le jour où les Anglais de Marlborough obtinrent leur premier triomphe, le jour qui, au lieu d'étouffer la guerre de la succession d'Espagne, ajouta huit années à la durée de cette guerre. Eh bien! puisque Baylen ne fut qu'une capitulation violée, puisque, jusqu'avant juillet 1812, les soldats de Napoléon purent échouer parfois, mais non être défaits, la fatalité n'a-t-elle pas attaché le nom de Marmont au jour de la première défaite que subirent les armes impériales, au jour de la première victoire de l'Angleterre, au jour qui, arrêtant la soumission des Cortès espagnoles, empêcha de se fermer la grande plaie que la Péninsule avait faite à la France? Marmont n'a-t-il pas eu l'insigne infortune de présider à une des trois ou quatre batailles dont la perte est entièrement attribuée, par l'histoire de l'empire, à l'inhabileté du général? Et nous disons trois ou quatre seulement, car nous ne comptons pas Leipsick, Waterloo, ces deux catastrophes que Marmont veut, mais que la France ne veut pas mettre au nombre des désastres où le génie du commandement a fait défaut à l'intrépidité des soldats. A Leipsick, c'est-à-dire dans les trois jours de bataille que soutinrent, près de cette ville, et presque sur le même terrain, 150,000 Français contre 300,000 alliés, les aigles de Napoléon furent victorieuses le 16 octobre 1813, se maintinrent inébranlables le 18, et ne virent leur retraite devenir désastreuse le 19 que par la destruction inattendue du pont sur l'Elster. A Waterloo, dans cette bataille de un contre plus de deux, nos 65,000 soldats furent si habilement conduits, qu'ils surent avoir le gain de la journée contre 90,000 Anglais, et encore contre 120,000 Anglo-Prussiens, ne cédant enfin la victoire qu'aux efforts de 150,000 alliés. Qu'on nous pardonne, si à propos de l'infortune des

Arapiles, nous avons insisté sur la gloire de Leipsick,
de Waterloo.

Mais avant le double auteur de la journée de
juillet 1812 et de son nouveau récit, s'est-il jamais
trouvé un écrivain militaire qui excuse les Arapiles
comme l'histoire, et souvent, avec les honneurs ren-
dus au mérite du commandement, excuse certains
revers ? Ainsi, pour ne pas omettre l'exemple d'un
général, frappé, de même que Marmont, au début
de la bataille, admirez Villars à Malplaquet : le
vainqueur de Friedlingen continue à si bien or-
donner ses troupes, que, blessé dangereusement
lui aussi à l'heure où il croit en sa fortune, il
transmet à Boufflers sinon la victoire, au moins la
facilité d'une retraite magnifique qui force bientôt
Eugène et Marlborough à s'arrêter avec effroi devant
des pertes dépassant celles de la France. Marmont,
une seule heure dans sa vie, s'est-il flatté qu'aux Ara-

piles, son successeur au commandement, par la faute d'un boulet, ait pu concevoir une heureuse opinion de son plan de bataille? Nous ne le pensons pas, et avec raison, puisque la relation du maréchal parle à peine du général Clausel, dont les efforts héroïques, disent tous les auteurs, parvinrent à sauver l'armée française d'une entière destruction.

Maintenant, pour ne pas trop nous étendre et donner seulement un spécimen de la manière du duc de Raguse, nous allons résumer ce qu'avec un laisser-aller incomparable, il dit d'un des généraux les plus capables de l'Empire; et nous pouvons parler ainsi, car la réserve qui nous est commandée ne doit pas faire tort aux grandes archives de l'histoire. Oui, nous présentons un spécimen de mensonge dont l'étrangeté à l'égard d'un homme suffira à annihiler les mauvais dires de Marmont contre tous.

Donc, selon le duc de Raguse, Lauriston, quant à l'ensemble de sa carrière, fut un homme très-médiocre. Notre Saint-Simon militaire jette, en très-peu de mots, cette appréciation profonde dans un de ses premiers tomes, évitant d'y revenir plus tard, probablement parce qu'à Wagram et dans la campagne de 1813, par exemple, il eût été très-embarrassé d'appuyer son assertion sur quelque chose de raisonnable. Quant au fait spécial du siége de Raguse, Lauriston n'a déployé aucune intelligence dans la défense de cette place, il ne s'y est montré que le plus simple des hommes. L'auteur, cette fois, entre dans quelques détails, probablement parce qu'en Dalmatie, où bientôt, comme général d'armée, il va trouver le premier théâtre de sa gloire, il trouve opportun de faire place nette, en ne laissant à ses lecteurs le souvenir d'aucun fait d'armes qui puisse précéder les siens.

Certes, devant ceux qui ont lu comment Marmont traite non-seulement les illustres de la guerre, mais encore les premiers entre tous, comme Soult, Davoust, et sans épargner Masséna, l'orgueil d'un nom pourrait mettre une certaine coquetterie militaire, oserions-nous dire, à se vanter d'avoir part aux mauvais propos du maréchal. Certes, si Lauriston existait, il pourrait éprouver une bien grande consolation de sa médiocrité en la découvrant en si belle compagnie, en entendant le duc de Raguse, pour simplifier ses conclusions quant aux premiers de l'armée, les maréchaux de l'Empire, les généraux chefs de grands corps d'armée, clore presque tous ses jugements biographiques par ce refrain dont le thème n'est jamais agréable, si les variations en sont plus ou moins désagréables : *homme assez médiocre, très-médiocre, excessivement médiocre ; presque lui seul n'est pas du tout médiocre,* ou, pour parler moins vulgairement, réunit toutes les qualités du vrai général. Les compagnons d'armes de Marmont ont beau avoir battu l'ennemi vingt fois et à outrance : qu'importe! ils l'ont fait sans trop savoir ce qu'ils faisaient, leurs succès ne comptent pas ; ils ont beau n'avoir été coupables d'aucun sinistre militaire : qu'importe! ils ont été, par l'aveugle fortune, plus heureux qu'habiles ; mais lui ! ! et toujours, et surtout dans ses injustes déroutes, quel aplomb! quel coup d'œil! quelle science! quelle synthèse! ! Ici, des défaites, il est vrai, mais selon les règles les plus hautes de la stratégie, de la tactique.

Cependant, nous nous efforçons de rester sérieux en face d'une plume affolée par l'orgueil, par le chagrin, et nous le demandons : ne serait-ce point une calamité pour tous, que quelques mots, quelques traits de plume d'un seul, pussent venir, au bout de quarante ans, non pas critiquer, discuter, mais détruire une réputation glorieusement établie, et,

en même temps, la bonne opinion que, jusqu'aujourd'hui, on avait conservée du bon sens de Napoléon Ier pour le choix de ses généraux principaux !

Aussi, tout en nous astreignant à être succinct,
comme il convient de l'être pour un nom qui n'a
pas à faire ses preuves, nous devons répondre au
duc de Raguse : quant à l'ensemble de sa carrière militaire, Lauriston n'a pas cessé de re-
cevoir de Napoléon les commissions les plus importantes, les plus spéciales, celles qui déno-
taient le généralat dans une de ses grandes ac-
ceptions, puisqu'elles étaient isolées ou ne relevaient
que de l'Empereur ; l'expédition de Batavia, la défense de Raguse, le siége de Raab; le commandement
de la fameuse batterie de cent bouches à feu qui, à
Wagram, fixa la victoire jusqu'alors hésitante, suf-
firaient à le prouver. L'ingénieuse méthode de Mar-

mont de faire part très-rarement des grandes actions qui ne sont pas les siennes propres, corrobore invinciblement notre citation de Wagram ; en effet, le maréchal ne manque pas de passer sous un profond silence cette batterie de cent canons qui, nous le supposons, a eu pourtant quelque chance de se faire entendre de lui le 6 juillet 1809, et qui, par le nombre de ses pièces, par le prodige de son feu, enfin par le commandement qu'un seul en exerça, reste un fait unique, le premier des faits dans l'histoire de l'artillerie, depuis ses premiers temps jusqu'à nos jours.

Mais nous avons à dire mieux encore, nous avons à parler surtout du 5ᵉ corps de la Grande Armée pendant la rude guerre de 1813. Quoi donc ! dans cette dernière campagne, peut-être la plus remarquable de toutes parce que la plus difficile, où il fallait de vrais généraux à de jeunes soldats qui ne savaient aller d'eux-mêmes à la victoire comme les vieilles bandes de la République et de l'Empire restées presque entières sous les glaces de la Russie ; quoi donc ! en 1813, dans l'enjeu suprême de sa fortune, Napoléon aurait confié une des grandes parties de sa grande, de sa dernière armée, à un général d'une capacité contestable. Cependant, Lauriston, c'est le premier dont, en 1813, Napoléon se hâte de faire un lieutenant d'Eugène, pour rassembler, amener 30,000 soldats qui aident ce prince à maintenir en Allemagne cette grande avant-garde derrière laquelle le reste de l'armée impériale aura le temps de s'organiser, d'arriver ; aussi bien, après l'avoir placé au poste avancé pour la campagne qui va s'ouvrir, il le mettra à l'arrière-garde dans la dernière journée de Leipsick, au poste d'honneur pour la campagne qui va se fermer. Cependant Napoléon se fait puissamment aider de Lauriston pendant quatre mois de guerre, comme surtout à Wurtchen, à Wachau, et à la première journée de Leipsick, proclame la gloire des combats qui appartiennent en propre à Lauriston, comme à Weissig, à Goldberg, et on peut dire à Lieberwolko-witz, ce combat si sanglant au milieu de la bataille sanglante de Wachau. A Goldberg, voyez donc un général d'une habileté très-ordinaire renversant avec ses 25,000 soldats et les 20,000 de Macdonald absent, renversant avec 45,000 Français, des hauteurs du Flemberg, des positions du Niederau, les 80,000 Prusso-Russes de Blücher! En un mot, comprenez l'Empereur donnant, pendant la campagne de 1813, 25,000 hommes à conduire à un général inhabile, lorsqu'un seul maréchal de l'Empire, le prince de la Moskowa, commandait un corps plus fort que le 5e corps, celui de Lauriston, lorsque le maréchal Marmont en dirigeait un beaucoup plus faible !

En vérité, si les bulletins, les pages officielles où le maître des armées inscrivit l'importance des fonctions, le mérite des actions d'un de ses généraux, en ont menti ; si les historiens qui ont rapporté les beaux faits d'armes de Lauriston ne sont pas dignes de foi, la renommée des hommes de guerre n'est plus qu'un bon ou mauvais hasard qui dépend d'une plume amie ou ennemie.

En vérité, les *Mémoires du duc de Raguse*, par leurs mensonges étranges qui tendent surtout à abaisser les premiers chefs de l'armée, nous portent à nous arrêter ici un moment, pour présenter quelques observations dont le but est de sauvegarder, de hautement poser le mérite, l'importance des hommes qui ont rempli les emplois éminents de la guerre. Nous demandons s'il n'est point urgent de revenir aux archives officielles de l'histoire qui disent si bien ce mérite, qui apprennent si brillamment cette im-

portance. Au nom de ces archives, place à part; justice complète pour les généraux d'armée ou pour les
généraux chefs de grands corps d'armée. Ne faut-il
point que les hommes sur lesquels aurait pesé la res-
ponsabilité, au moins une des premières responsa-
bilités du revers, aient la gloire ou une des premières
gloires du succès; et cela sans aucune contestation,
sans nulle confusion historique, c'est-à-dire sans que
les hommes qui n'ont exercé qu'un commandement
inférieur, puissent dérober la renommée de leurs
chefs en cas de victoire, alors qu'ils n'auraient pas
manqué de leur laisser tout le blâme en cas de défaite? Ainsi, pour bien choisir un exemple qui donne
les mesures différentes du commandement, voyez,
en 1813, dans la dernière campagne d'Allemagne,
Gérard, Maison, se distinguer, l'un sous Macdonald,
l'autre sous Lauriston. Eh bien! en 1813, au second
rang, Gérard et Maison, afin qu'en 1814, élevés à
l'emploi de chefs d'un corps d'armée, celui-ci en

Belgique, celui-là en France, ils aient, à leur tour, le droit de se réserver le mérite ou un des mérites premiers du succès, sans qu'aucun des généraux sous leurs ordres puisse leur contester ce privilége.

Il serait à désirer que la France voulût honorer d'une manière exceptionnelle ses généraux principaux. Pourquoi les précieuses archives de l'État n'en finiraient-elles pas, en faveur de leurs illustres, avec les mensonges, les mauvaises passions de la fausse histoire ; et encore avec les erreurs que le souvenir de certaines amitiés, de certaines intimités, enfante souvent, chez les auteurs les plus remarquables, au détriment notable de ceux qui leur ont été étrangers ? Et si une loi, pour clore et les derniers temps et aussi bien les vieux temps de la France militaire, venait à donner à tous les noms qui ont présidé à une bataille ou à un grand combat, le nom de cette bataille ou de ce combat, ne serait-ce point là une grande loi de vérité et de rémunération nationales? Cette loi ne ferait-elle pas pour tous ce que l'Empire n'avait fait que pour quelques-uns, n'achèverait-elle pas l'idée ébauchée par Napoléon Ier?

Pardon, Monsieur le duc de Raguse, l'excès de fantaisie qu'on remarque dans vos Mémoires, particulièrement à l'égard des hommes qui ont exercé les premières fonctions de l'armée, nous avait excité à des réclamations sérieuses en faveur de ceux-ci; mais nous revenons à vous pour avouer qu'en vous lisant on n'est pas bien sûr d'être éveillé. L'aplomb avec lequel vous rendez vos mauvais arrêts fait mal au cerveau. Allons, c'est quelque chagrin qui rend votre plume malade, peut-être le souvenir de juillet 1812, d'avril 1814, de juillet 1830, trois infortunes qu'un noble et rare soldat, comme toujours vous le fûtes, n'a pas méritées sans doute, mais enfin trois dates néfastes, dont la première rappelle un des plus grands désastres militaires de l'ère impériale, et les deux dernières, par un sort étrange, la chute successive de deux Monarchies françaises, mais enfin trois dates fatales ! Quant à Lauriston, est-ce seulement quelque rancune qui vous porte à mal parler de lui, quelque rancune de votre amour-propre froissé ? Nous savons que ce général, pas un seul jour, pas une seule heure, n'a consenti à croire qu'aux Arapiles, Wellington en pleine retraite cédait à votre tactique, si la nouvelle de votre blessure ne l'avait fait revenir pour livrer bataille et vous prendre une victoire, comme le fit Marlborough à Villars blessé. Nous nous permettons d'ajouter : que Lauriston ne peut-il vous entendre dire, à propos d'une attaque repoussée sur un point du champ de bataille par un intrépide régiment :

« Et mes derniers regards ont vu fuir les Romains ! »

Nous sommes convaincu qu'il n'apprécierait nulle-
ment la citation de ce vers , alors qu'en somme , les
Français, qui n'étaient pas du tout les soldats du roi
de Pont , se trouvaient complétement défaits par les
Anglais qui, sans être les Romains, s'occupaient à pour-
suivre chaudement le chef dont les derniers regards...
Monsieur de Raguse , en auriez-vous donc voulu à
monsieur de Lauriston de son incrédulité relativement
à votre manière de raconter les Arapiles, ce qui peut
paraître assez injuste à beaucoup de vos lecteurs, car
l'orgueil de vos arguments et votre heureuse façon
de les faire passer s'étayent mutuellement pour capti-
ver, au moins étourdir même les sévères. Votre
manière est la bonne, Monsieur le duc : vous haussez
tellement votre taille, que les esprits difficiles, en se
donnant la satisfaction de la diminuer, ne s'aper-
çoivent pas qu'ils la laissent encore trop grande.

Enfin , quant au fait spécial du siége de Raguse ,

- sans nous arrêter à cette bonne plaisanterie de Marmont qui accorde au général Lauriston 4 à 5,000 hommes, probablement pour ne pas paraître trop riche avec les 6,000 soldats qu'il se donne à Castel-Nuovo, la seule affaire importante qui suive la défense de Raguse.dans la campagne de Dalmatie de 1806 et 1807, nous disons : il est notoire que Lauriston, pris au dépourvu, dénué d'une grande partie des ressources les plus essentielles, a su défendre vingt jours une place mal fortifiée et dominée de tous les côtés qui ne regardaient pas l'Adriatique, contre un feu continu de terre et de mer ; il avait 1,500 hommes à opposer aux attaques de 15,000 Russes ou Monténégrins, et à celles des six vaisseaux, des dix frégates ou bricks, des trente chaloupes canonnières de l'amiral Seniavin. Cette défense fut belle au point que l'Empereur, heureux du salut d'une place dont le siége avait attiré l'attention de l'Europe, s'étonna en même temps que Lauriston eût pu la sauver.

Maintenant, nous ajoutons : au combat de Castel-Nuovo, Marmont disposait de 6 à 7,000 hommes, contre 15,000 Russes ou Monténégrins.

Monsieur le duc de Raguse, jamais, le général Lauriston, nous avons lieu de le savoir, n'a pu parfaitement comprendre pourquoi Napoléon avait attaché à votre titre de duc militaire, un nom qui, tout d'abord, rappelait un fait d'armes auquel vous étiez absolument étranger, le *premier fait d'armes de la campagne*. En effet, Lauriston s'est toujours vanté, comparant le siége de Raguse au combat de Castel-Nuovo, d'avoir fait encore mieux que vous, à qui pourtant son bon goût accordait d'avoir bien fait. Ma foi, Monsieur le duc, chacun pour soi dans ce monde, si la vérité pour tous ; toutefois, auriez-vous été offensé des prétentions de ce général, quant à son mérite militaire, et de son mécontentement persistant quant à votre titre de : *Raguse?*

Ce que nous venons de dire, plus que suffisant pour réfuter les assertions bizarres du maréchal Marmont à l'égard du maréchal Lauriston, nous permet de ne pas enfreindre la réserve que nous impose le nom qui est en tête de ces observations. Pour conclure, nous ne doutons pas que ce ne soit en vain que le duc de Raguse sache merveilleusement encadrer les fantaisies de son acrimonie dans des récits intéressants, souvent très-attrayants; nous sommes certains que les archives de l'histoire auront bientôt raison entière de ses Mémoires. Et encore, nous croyons, en ayant démontré la folie des mauvais mots de Marmont sur un homme dont Napoléon a continuellement employé les hautes facultés dans les commandements les plus considérables pendant la guerre, et ainsi qu'il l'a fait dans les missions les plus importantes pendant la paix, nous croyons avoir rendu non-seulement au maréchal Lauriston ce qui lui est dû, mais même un grand service à beaucoup. Avertir le public d'un grand mensonge commis, n'est-ce pas lui donner l'éveil sur tous ceux qui ont été commis.

A tort nous pensions avoir terminé. Le mot de mensonge que nous venons de prononcer, nous entraîne à ne pas clore cette note sans faire l'aveu le plus large de la répulsion que nous fait éprouver l'œuvre dont il s'agit ici.

Certes, qu'un homme qui, jugé digne par le chef suprême d'une armée, d'en commander une grande fraction, a su briller en une telle place où l'on peut trouver l'illustration si belle du lieutenant à défaut de la grandeur si rare du capitaine, vienne raconter ses travaux : il fait bien. Qu'il vienne encore exagérer aux yeux du public les proportions de sa taille militaire en environnant, allongeant ses actions de toute la pompe des marches, contre-marches, manœuvres de divisions, brigades, régiments, sans lesquelles tout commandement, même celui d'un corps de 10,000 hommes, ne peut s'exer- cer : il ne fait pas mal d'augmenter ainsi son importance pour avoir plus beau jeu à forcer les lecteurs de conserver le souvenir de ce que réellement il a accompli d'utile, de glorieux. Trois fois négligents, trois fois maladroits, ceux qui n'ont pas écrit ce qu'ils ont fait, et cela carrément, et cela avec le soin le plus extrême de ne pas amoindrir ce qu'ils ont fait ! !!

Mais pourquoi le maréchal Marmont, chagrin de n'avoir pu jouer sur le champ de bataille un rôle aussi grand que celui qu'il prétend avoir rempli sous la tente de Napoléon, vient-il accumuler dénigrements sur dénigrements contre ses compagnons d'armes? Dans cette pléiade de maréchaux de l'Empire et de généraux chefs de grands corps d'armée, à peine quatre ou cinq échappent quelque peu au venin de sa critique, et surtout à peine deux ou trois reçoivent de lui un brevet de véritable habileté. Le bonheur insigne de cette dernière faveur est réservé à Masséna, dont le génie militaire, du reste, selon Marmont, est mort avant la campagne de Portugal; à Gouvion-Saint-Cyr, très-apte à la guerre défensive. En somme, si ce n'est vis-à-vis de ceux qui, par l'infériorité de leur commandement, ne peuvent jamais être ses pairs, le duc de Raguse semble craindre que l'éloge ne convulsionne sa bouche. Voyez plutôt Soult, Macdonald, Moncey, Jourdan, Oudinot, Brune, Bessières, Mortier : *médiocres*, *assez*, *très*, *extrêmement*. Soult n'a jamais su mener ses troupes au combat. Davoust, le seul peut-être, le premier de gloire au moins, qui, dans l'ère impériale, ait le droit de faire son bien propre nous ne disons pas d'un grand combat, mais d'une grande bataile, celle d'Aüerstaedt, Marmont ne l'apprécie que faiblement. Eugène qui, en 1813, sait être, pour l'Empereur, d'abord le capitaine habile des débris de sa plus belle, puis, jusqu'avant Bautzen, le principal lieutenant de sa dernière armée, n'est, selon notre auteur, qu'un bon jeune homme d'une capacité médiocre. Hélas! il y a plus, Eugène, en dehors de l'examen de son mérite militaire, lui qu'on croyait l'homme du devoir sans phrases, l'homme de l'honneur et de la conscience sans subtilité de mots, Eugène subit une accusation inattendue, celle de traître, en 1814, à son père adoptif ! Quant à Ney, la défaite qu'à Dennewitz lui fait éprouver Bernadotte, l'abaisse tout à fait aux yeux de l'ancien général de l'armée de Portugal. Aussi celui-ci, après les affaires de Leipsick, le 20 octobre 1813, écrit-il à Napoléon pour se plaindre de l'humiliation et du danger plus grand encore auxquels il l'a condamné en le plaçant sous les ordres d'un homme tel que le prince de la Moskowa.

Vraiment, on ne comprend pas le duc de Raguse
ne regardant pas à offenser à tort et à travers la mé-
moire de ses anciens émules du champ de bataille,
affectant envers eux les allures les plus agressives,
lorsqu'on le voit se montrer aussi susceptible pour
son propre compte. Non-seulement Marmont s'irrite
fort contre les bulletins qui, aux journées des 16 et
18 octobre 1813, passent sous silence ses services,
le mérite de son commandement; mais encore, pendant presque toute sa carrière, il ne cesse d'exprimer
la vive souffrance qu'il ressent des reproches de Napoléon. Et cela, lorsque l'Empereur, la plupart du
temps, ne semble dominé que par l'idée fixe de vou-
loir fortifier de plus en plus le génie du général
élevé sous sa tente.

Cependant une justice exceptionnelle doit être
rendue au duc de Raguse : il a *le soin délicat* de
mettre ses lecteurs en garde contre la trop grande

importance de ses critiques, en publiant avec une louable franchise les lettres de Napoléon ou de son major-général, lettres qui le grondent presque continuellement sur sa propre conduite militaire.

Quoi qu'il en soit de cette dernière atténuation de torts très-graves, encore un mot :

Nous sommes heureux qu'il se soit trouvé plusieurs écrivains pour réfuter avec talent, avec énergie, les Mémoires du maréchal Marmont, mais nous regrettons qu'il n'y ait pas eu un mouvement plus vif de réprobation contre un ouvrage qui, par la manière habile dont un esprit jaloux, chagrin, arrive à faire douter des mérites anciens les plus hautement reconnus, pourrait décourager ceux actuels, ceux à venir. Nous comprenons que le public lise avec d'autant plus de curiosité un livre d'autant plus contraire aux opinions reçues, un livre dont presque chaque

page est une rare surprise quand elle n'est pas une
découverte inouïe, mais nous espérons qu'à la curiosité il fera bientôt succéder le devoir, qu'il fera
bientôt justice complète des Mémoires du duc de
Raguse. S'il pouvait en être autrement, le laissez-
passer accordé à des mensonges sans frein, parce
qu'ils sont d'outre-tombe, donnerait un funeste en-
couragement à la mauvaise histoire, celle que signe
l'envie, la haine; certains auteurs se consoleraient de quitter ce monde par la certitude du jour
prochain où leurs écrits pourraient attaquer tout à
l'aise, impunément, ceux-là surtout que choisit le
fiel des mauvais esprits, ceux-là surtout qui, et dans
la carrière militaire et encore dans toutes les au-
tres, les premiers entre tous, ont bien mérité du
pays. Dès lors, la possibilité, demain, après-demain,
d'une œuvre semblable à celle que nous réprouvons
aujourd'hui, suspendrait sur la tête des plus nobles
hommes que la mort n'aurait pas encore frappés,

suspendrait sur toutes les heures, sur l'heure dernière des plus nobles hommes de la guerre, de la paix, la menace indigne d'un pamphlet posthume.

FIN.